Berlitz®

Aprende inglés con

SUPERMAN™

¡Arriba, arriba y fuera!

Guión:
Mark Millar

Color:
Marie Severin

Dibujo:
Aluir Amancio
Terry Austin

Lápiz:
Lois Buhalis

Superman creado por **Jerry Siegel** y **Joe Shuster**

Contacting the Editors:
Every effort has been made to provide accurate information
in this publication, but changes are inevitable. The publisher
cannot be responsible for any resulting loss, inconvenience
or injury. We would appreciate it if readers would call our
attention to any errors or outdated information.

Please contact us at:
Berlitz Publishing,
193 Morris Avenue,
Springfield, NJ 07081, USA.
E-mail: comments@berlitzbooks.com

Publishing Director: Sheryl Olinsky Borg
Editor/Project Manager: Emily Bernath
Senior Editor: Lorraine Sova
Editorial Assistant: Eric Zuarino
Interior Design: Claudia Petrilli, Doug Wolff
Production Manager: Elizabeth Gaynor
Cover Design: DC Comics & Claudia Petrilli

Clark Kent, You're a Nobody!
¡Clark Kent, eres un don nadie!

help
socorro

emergency
emergencia

Something wrong?
¿Algo va mal?

the computers
las computadoras

something important
algo importante

a date
una cita

Oh my God!
¡Dios mío!

Where'd he go?
¿Dónde ha ido?

It can't be!
¡No puede ser!

I can't fly!
¡No puedo volar!

of course
claro que

Who are you?
¿Quién eres tú?

please excuse me
si me disculpas

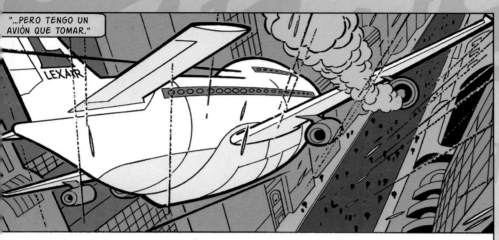

Run!
¡Corran!

What's going on?
¿Qué está pasando?

Come on!
¡Vamos!

What did you do?
¿Qué has hecho?

nothing
nada

twenty minutes
veinte minutos

of course
claro que

ten
diez

incredible
increíble

What are you doing here?
¿Qué estás haciendo aquí?

ladies and gentlemen
damas y caballeros

perhaps
quizá

¿IS IT POSSIBLE THAT SEMEJANTE SUSTANCIA ALTAMENTE RADIOACTIVA PUEDA SER PERJUDICIAL PARA EL MEDIO AMBIENTE AL ELIMINARLA, PROFESOR HAMILTON?

BELIEVE ME SEÑOR KENT, S.T.A.R. HA TOMADO TODAS LAS PRECAUCIONES POSIBLES.

¿TOCARLO TENDRÍA ALGÚN EFECTO EN MÍ?

NO, A MENOS QUE VENGA DE KRIPTON

HaHaHaHa!

MAY I?

(SIGH) SI ESO VENDE PERIÓDICOS, SR. KENT.

¡NINGÚN EFECTO! ES PEOR DE LO QUE IMAGINABA.

EL IMPOSTOR NO SÓLO ME HA ROBADO MIS PODERES, ME HE CONVERTIDO EN UN SIMPLE HUMANO.

¿ARE YOU OKAY, KENT?

I'M FINE, LOIS

ESE ES EL PROBLEMA.

is it possible that
es posible que

believe me
créame

no
no

May I?
¿Puedo?

Are you okay?
¿Estás bien?

I'm fine
Estoy bien

well
bueno

How do you feel?
¿Cómo te sientes?

finally
finalmente

But who is it?
¿Pero quién es?

I need
necesito

buddy
colega

sorry
lo siento

listen
escuchen

Shut up!
¡Cállate!

I've got
tengo

(en el letrero)
**Superman says:
help stamp out
crime.**
**Superman dice:
ayuda a acabar
con el crimen.**

first
primero

then
entonces

calm down
tranquila

Am I going crazy?
¿Me estoy volviendo
loco?

EL GRANERO DONDE ESCONDISTE MI NAVE, LA TIERRA QUEMADA, DONDE USÉ MI VISIÓN CALORÍFICA SIN QUERER Y DESTRUÍ LA MEJOR COSECHA DE SMALLVILLE.

NINGUNA DE ESAS COSAS ESTÁ AQUÍ, DAD...

¿HA SIDO MI TRABAJO DE SUPERMAN UNA ILUSIÓN?

SOMETIMES LA MENTE NOS JUEGA MALAS PASADAS, CLARK. UN DÍA NOS HACE SENTIRNOS EN LA CIMA DEL MUNDO Y AL DÍA SIGUIENTE EN EL FONDO DEL POZO...

CREO QUE HAY MOMENTOS QUE PREFERIRÍAMOS SER SUPERMAN A AFRONTAR LA REALIDAD. SER CUALQUIERA MENOS NOSOTROS MISMOS.

YOU THINK SO?

TRABAJAMOS DEMA- SIADO DURO, SON. LO LLE- VAMOS EN LA SANGRE.

QUIZÁ TENGAS RAZÓN DAD. QUIZÁ YO...

SHHH.

¿UH? ¿QUÉ PASA DAD?

KLINCH KLINCH KLUNCH KLINCH

GET BACK INDOORS!

dad
papá

sometimes
a veces

son
hijo

You think so?
¿Tú crees?

dad?
papá?

dad?
papá?

Get back indoors!
¡Vuelve adentro!

the house
la casa

SIENTO LO DEL TRACTOR, FRIENDS.

VENDRÉ Y LO REPARARÉ LATER.

AHORA OR FAVOR PONTE A UBIERTO.

¡CLARK! ARE YOU OKAY, SON?

YO... I DON'T KNOW, DAD.

¿QUÉ ES LO QUE VA A HACER?

DESCUBRIR HACIA DÓNDE SE MUEVEN LAS CORRIENTES DE AIRE Y RODEAR THE TORNADO EN LA DIRECCIÓN CONTRARIA

"¿CÓMO DEMONIOS SABES TÚ ESO, CLARK?"

friends
amigos

later
después

Are you okay, son?
¿Estás bien, hijo?

I don't know, dad.
No lo sé, papá.

the tornado
el tornado

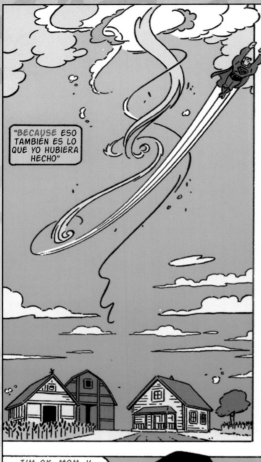

"*BECAUSE* ESO TAMBIÉN ES LO QUE YO HUBIERA HECHO"

¿ESTÁS SEGURO DE QUE NO QUIERES PASAR MÁS TIEMPO EN LA GRANJA, CLARK? ESA HORRIBLE CIUDAD ES LA QUE TE HA VUELTO LOCO, PARA EMPEZAR.

MARTHA CLARK KENT...!

I'M OK, MOM, Y PROMETO QUE IRÉ AL MÉDICO SI ESTA CORAZONADA QUE TENGO RESULTA SER OTRA ILUSIÓN PARANOICA...

BUT ANTES DE HACER CUALQUIER COSA...

because
porque

I'm ok, Mom.
estoy bien, mamá.

but
pero

18

this morning
esta mañana

I think so
creo que sí

of course
por supuesto

unbelievable
increíble

I'm
yo soy

you need to see
necesitas ver

Are you sure?
¿Estás seguro?

What else can you do?
¿Qué más puedes hacer?

anything
cualquier cosa

21

I CAN DO ANYTHING.

¿QUÉ PUE-DES HACER TÚ?

¿QUÉ ME DICES DE LA VISIÓN DE RAYOS X? TODO EL MUNDO SABE QUE SÓLO SUPERMAN TIENE VISIÓN DE RAYOS X. LEE EL SOBRE QUE HAY EN EL BOLSILLO DE MI CAMISA Y ME HABRÁS CONVENCIDO.

PIECE OF CAKE.

"BRAINIAC. LUTHOR, KLTPZYXM, KLTPZYXM, PARÁSITO..."

¿AHORA VAS A...?

OOPS!

TAL Y COMO SOSPECHABA, HELLO...

POOF!

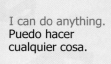

I can do anything.
Puedo hacer
cualquier cosa.

Piece of cake.
Está chupado.

hello
hola

… ¡SR. MXYZPTLK!

¿CÓMO SUPISTE QUE ERA YO?

TELL ME! ¡DÍMELO ANTES DE QUE DESAPAREZCA!

ERES UN DIABLILLO DE LA QUINTA DIMENSIÓN QUE PUEDE VISITAR ESTE MUNDO CADA NOVENTA DÍAS, MXYZPTLK.

TENGO QUE TO-MAR PRECAUCIONES CUANDO ME ENFRENTO A ALGUIEN QUE PUEDE CAMBIAR LA REALIDAD Y TRASTORNAR EL TIEMPO Y EL ESPACIO COMO TÚ HACES…

"MY E-MAIL MESSAGES, ERAN RECORDATORIOS DE QUE HABÍAN PASADO NOVENTA DÍAS Y ERAS LIBRE DE CAUSAR PROBLEMAS OTRA VEZ."

"AL MENOS HASTA QUE ENCONTRARA UNA MANERA DE HACERTE DECIR TU NOMBRE AL REVÉS DOS VECES Y…"

¡I KNOW, LO SÉ! ¡MANDARME A LA QUINTA DIMENSIÓN OTROS NOVENTA DÍAS!

¡SÓLO ESPERA HASTA LA PRÓXIMA VEZ, TONTO! JUST YOU WAIT!

POOF!

SEE YOU LATER, MXYZPTLK.

NO VUELVAS PRONTO.

tell me
dímelo

my e-mail messages
mis mensajes electrónicos

I know
lo sé

Just you wait!
¡Sólo espera!

See you later.
Te veo mas tarde.

well
bueno

look
mira

It's a bird!
¡Es un pájaro!

It's a plane!
¡Es un avión!

the end
fin

The Bodyguard
of Steel
El guardaspaldas de
acero

don't worry
no se preocupe

I promise
lo prometo

sir
señor

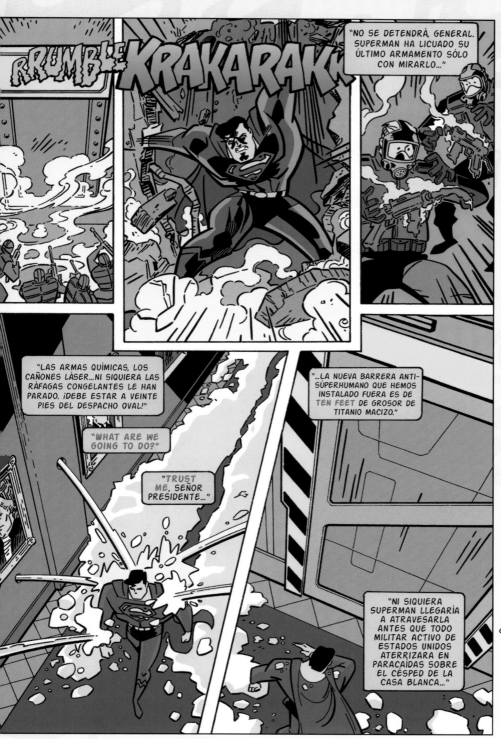

What are we going
to do?
¿Qué vamos a hacer?

trust me
confíe en mí

ten feet
diez pies

What?
¿Qué?

he's here
está aquí

SIXTY SECONDS!

CABALLEROS, SUPERMAN HA DEMOSTRADO MÁS ALLÁ DE TODA DUDA QUE LA CASA BLANCA ESTÁ INDEFENSA ANTE ATAQUES SUPERHUMANOS, Y NUESTRAS DEFENSAS SON TOTALMENTE DEFICIENTES.

klik!

¿LE IMPORTARÍA A ALGUIEN DAR AN EXPLANATION?

SEÑOR PRESI-DENTE, COMO ENCARGADO DE SU SEGURIDAD, THE RESPONSIBILITY RECAE SOBRE MÍ, PERO EL SUELO DE CEMENTO ES UN DESCUIDO QUE PUEDE SER CORREGIDO FÁCILMENTE.

YOU KNOW LA SITUACIÓN, GENERAL...ESTA VEZ ES UN LUJO QUE NO NOS PODEMOS PERMITIR.

SE HA PUESTO UN PRECIO DE UN BILLÓN DE DÓLARES A MI CABEZA PARA EVITAR QUE FIRME UN TRATADO DE PAZ INTERNACIONAL EN MENOS DE CUARENTA Y OCHO HORAS.

OBVIOUSLY, MI PROPIA SEGURIDAD NO SIGNIFICA NADA, BUT LAS VIDAS DE MILLONES DE PERSONAS EN TODO EL MUNDO DEPENDEN DE MI FIRMA EN ESE TROZO DE PAPEL.

ME NIEGO A DEJAR QUE NINGÚN ASESINO DE PACOTILLA HAGA PELIGRAR LA POSIBILIDAD DE ALCANZAR LA PAZ MUNDIAL.

sixty seconds
sesenta segundos

an explanation
una explicación

the responsibility
la responsabilidad

you know
usted conoce

obviously
obviamente

but
pero

who
quién

the truth is that
la verdad es que

are you sure that
está usted seguro
de que

oh great
oh genial

well
bueno

SÓLO UN PAR DE DÍAS, JEFE.

¿QUÉ QUIERES DECIR CON QUE NECESITAS VACA-CIONES, KENT?

OLVIDÉ POR COMPLETO MI REUNIÓN DE ANTIGUOS ALUMNOS. LOIS DICE QUE ESTARÁ MÁS QUE ENCANTADA DE CUBRIR ESE TRATADO DE PAZ MIENTRAS NO ESTOY.

WELL, NO ME GUSTA REPARTIR LOS ARTÍCULOS COMO SI FUERAN CARTAS, PERO SI LANE PIENSA QUE PUEDE INCLUIR ESTO EN SU AGENDA, SUPONGO QUE ESTÁ BIEN... POR ESTA VEZ.

THANKS, PERRY.

¿WHAT DO YOU THINK, JIMMY? SMALLVILLE PARECE DEMASIADO ANSIOSO DE LIBRARSE DEL TRABAJO POR UN BAILE DE INSTITUTO.

TENGO LA IMPRESIÓN DE QUE HAY ALGO QUE EL CHICO DEL GRANJERO NO QUIERE CONTARNOS.

CAREFUL LOIS...

...CASI SUENAS JEALOUS POR UN MOMENTO.

well
bueno

thanks
gracias

What do you think?
¿Qué crees?

careful
cuidado

jealous
celosa

good morning
buenos días

What's your name?
¿Cómo te llamas?

listen
escucha

oh well
oh, bueno

never mind
olvídalo

in fact
de hecho

NO SÉ A QUIÉN PRETENDE ENGAÑAR, SEÑOR, PERO LE RECOMIENDO DEJAR EL EDIFICIO MIENTRAS ME SIENTA LO SUFICIENTEMENTE AMABLE PARA DEJARLE USAR LA PUERTA.

MERCY, MY DEAR, ERES DEMASIADO SUSPICAZ.

¿CÓMO PODRÍA UN IMPOSTOR ENGAÑAR AL SCANNER DE ADN?

¿JEFE? I'M SORRY. CREÍA QUE YA ESTABA USTED AQUÍ. ES SÓLO QUE NUNCA LE HABÍA VISTO ASÍ.

LEX LUTHOR I.D. POSITIVE

¿HA SIDO SUPERMAN DERRIBADO POR UNA BOMBA O ALGO ASÍ?

OH, LIGHTEN UP, MERCY.

ERES DEMASIADO SERIA PARA SER TAN MONA.

¡EEEP!

Ta-DAAA!

IMPRESSED?

¿SE SUPONE QUE DEBO ESTAR IMPRESIONADO VIENDO COMO DESTRUYES UNA REPUTACIÓN CUIDADOSAMENTE CULTIVADA ENTRE MIS EMPLEADOS?

A PROPÓSITO, TODOS ESOS AUMENTOS QUE LE HAS CONCEDIDO A ESA GENTUZA ABAJO SERÁN DEDUCIDOS DE TU PAGO FINAL. YA HE HECHO LAS CUENTAS...

my dear
querida

I'm sorry
lo siento

(en la pantalla)
Lex Luthor
I.D. positive
Lex Luthor
identificación
positiva

lighten up
relájate

impressed
impresionado

...MULTIFACE.

ACTUALLY, LUTHOR, ¡DEBERÍAS ESTAR IMPRESIONADO POR LA MANERA EN QUE HE ATRAVESADO UNO DE LOS SISTEMAS DE SEGURIDAD MÁS FUERTES DEL MUNDO!

¿ESTAMOS NEGOCIANDO O ESTOY PERDIENDO TIME?

EMPECEMOS DE NUEVO, ¿DE ACUERDO?

MIS ASOCIADOS TE HAN CONTRATADO PORQUE NO SÓLO ERES UN MAESTRO DEL DISFRAZ, SINO POR-QUE ERES UNO DE LOS ASESINOS MÁS EFICACES DEL MUNDO. Y YO SIEMPRE DEBO TENER LOS MEJORES.

TOMA ASIENTO, PLEASE.

LEX, ¡ESTARÉ ENCANTADO!

YA HEMOS LLEGADO A UN ACUERDO SOBRE EL PRECIO, PERO LOS VERDADEROS TÉRMINOS DEL ASESINATO ESTÁN AÚN ABIERTOS A NEGOCIACIÓN.

MI ÚNICA CONDICIÓN ES QUE UN ARMA DE PROPIO DIS EÑO SEA USADA PARA MATARLE...

ES EXTREMADAMENTE PRECISA Y...¿CÓMO DECIRLO?...DISPARA MÁS RÁPIDO QUE UNA BALA.

NADA MÁS HARÁ QUE EL TRABAJO ME SATISFAGA.

actually
de hecho

time
el tiempo

please
por favor

I know
lo sé

nonsense
tonterías

besides
además

old friend
viejo amigo

annoys me
me molesta

Which way to the
Oval Office?
¿Cómo llego al
despacho oval?

you maniac
loco

What do you think?
¿Qué te creías?

ten seconds
diez segundos

What did he say?
¿Qué es lo que ha
dicho?

five
cinco

four
cuatro

three
tres

two
dos

one
uno

second day
segundo día

Do you have a moment?
¿Tiene usted un momento?

of course
desde luego

name
nombre

sorry
lo siento

first
primero

and now
y ahora

frankly
la verdad

SUPERMAN. AL HABLA EL GENERAL HARDCASTLE.

NUESTROS CHICOS DE INTELIGENCIA NOS HAN CONFIRMADO QUE MULTIFACE PLANEA SEGUIR ADELANTE CON EL ASESINATO.

"SON LOS MISMOS QUE NOS CONTARON QUE MULTIFACE FUE CONTRATADO PARA EL TRABAJO, SUPERMAN. PUEDE CONFIAR PLENAMENTE EN ESTOS SOLDADOS."

¿ARE YOU SURE, GENERAL?

EL ANÁLISIS DE RAYOS X MUESTRA QUE NO HAY NADA FUERA DE LO COMÚN AHÍ ABAJO...

"ESO ES PORQUE MULTIFACE PUEDE BURLAR TODO TIPO DE DETECCIÓN. SÓLO TENEMOS QUE ESPERAR QUE HAGA SU MOVIMIENTO, Y QUE SEA USTED TAN RÁPIDO COMO DICE QUE ES."

ESPERE A SECOND, GENERAL.

CREO QUE LO TENGO.

LADIES AND GENTLEMEN, EL PRESIDENTE DE ESTADOS UNIDOS DE AMÉRICA...

Are you sure?
¿Está usted seguro?

ladies and gentlemen
damas y caballeros

a second
un segundo

42

idiot
idiota

for one second
por un segundo

Get out of the way!
¡Apártese!

shut up
cállate

never
nunca

thanks
gracias

excuse me
disculpa

typical
típico

two days of vacation
dos días de
vacaciones

welcome back
bienvenido

wait a second
espera un segundo

a billion dollars
un billón de dólares

unfortunately
desafortunadamente

the end
fin

War Games
Part 1
Juegos de guerra
parte 1

What do you think?
¿Qué cree usted?

way to go
bien hecho

that man
ese hombre

Are you kidding?
¿Bromea?

do you know
sabe usted

well
bueno

three
tres

four
cuatro

Are you sure, Doctor?
¿Está seguro, Doctor?

absolutely
absolutamente

clean
limpia

you're not going to believe this
no se va a creer esto

congratulations
felicitaciones

but
pero

got it
entendido

wow
guau

thanks
gracias

relax, honey
tranquila, cariño

deep breath
respira hondo

embarrassing
embarazoso

I told you so!
¡Te lo dije!

Hit the brakes!
¡Pisa el freno!

I can't
no puedo

He's gone crazy!
¡Se ha vuelto loco!

What are you doing?
¿Qué estas haciendo?

don't worry
no te preocupes

What?
¿Qué?

55

JUSTO CUANDO PENSABA QUE LAS COSAS NO PODÍAN EMPEORAR.

¿PODRÍA HABER SIDO UN FALLO INFORMÁTICO?

DE REPENTE CAER HACIA MI MUERTE NO ME PARECE TAN MALO.

YOU OWE ME ONE, LUTHOR.

¡FUE UN INTENTO DE ASESINATO, SUPERMAN! ONE MINUTE ESTOY BEBIENDO PERRIER Y HABLANDO CON MIS CONTADORES, AND THE NEXT MERCY PIERDE EL CONTROL DEL HELICÓPTERO.

¡TE EXIJO QUE ATRAPES A ESE SABOTEADOR!

¡CONGELEN AL ALIEN! ¡SUELTA AL SR. L!

¡MANIOBRA 247, CHICOS! ¡DERRIBEN AL MONSTRUO!

(SIGH) NOT TODAY, BOYS. ESTAMOS OCUPADOS.

you owe me one
me debes una

one minute
un minuto

and the next
y al siguiente

not today boys
hoy no, chicos

SERÁ MEJOR QUE ESTOS INCI-DENTES QUE ESTÁN ESTALLANDO POR TODA LA CIUDAD NO SEAN TU ÚLTIMO INTENTO DE LLAMAR MI ATENCIÓN, LUTHOR. SI DESCUBRO QUE ESTÁS DETRÁS...

NO SE TE OCURRA TERMINAR ESA FRASE, SUPERMAN.

ESE SABOTEADOR HA APAGADO THE LEXCORP COMPUTERS.

¿REALLY PIENSAS QUE ERES TAN IMPORTANTE PARA MÍ QUE HARÍA DESCENDER EL VALOR DE MIS ACCIONES BILLONES SÓLO PARA CAUSARTE UN INCONVENIENTE?

MIS CONTADORES ME HAN CITADO AQUÍ PARA DISCUTIR EL EJERCICIO DE LIMITACIÓN DE DAÑOS.

HE PERDIDO MORE MONEY EN LOS ÚLTIMOS DIEZ SEGUNDOS QUE LO QUE GANA LA MAYORÍA DE LA GENTE DE METRÓPOLIS JUNTA EN UN AÑO.

PERSONALMENTE, NO ESTOY SEGURO DE CUÁNTO TIEMPO MÁS PODRÉ RESPONDER A TODAS ESTAS LLAMADAS DE ANGUSTIA. SI SÓLO NOS DIJERA HOW MUCH MONEY HE WANTS.

IN MY OPINION, ESE SABOTEADOR NO BUSCA REMUNERACIÓN ECONÓMICA.

ESTÁ JUGANDO CON NOSOTROS, Y MI INSTINTO ME DICE...

the Lexcorp computers
las computadoras de Lexcorp

really
realmente

more money
más dinero

how much money he wants
cuánto dinero quiere

in my opinion
en mi opinión

sorry
lo siento

if only
si sólo

a few minutes sooner
unos minutos antes

BASEMENT

"UNFORTUNATELY, SUPERMAN ESTABA EN LA ÓRBITA RESCATANDO EL TRASBORDADOR DE LABORATORIOS S.T.A.R. VARADO CUANDO EL ELEVADOR SE DESPLOMÓ DESDE EL PISO CINCUENTA Y DOS ..."

KLIK!

I THINK NOS HACEMOS UNA IDEA.

JESÚS, SRTA. LANE, ESTO SE PARECE A COMO ERAN LAS COSAS ANTES DE SUPERMAN. YOU KNOW...AVIONES CAYENDO DEL CIELO Y NADIE QUE LOS ATRAPARA.

LA FRUSTRACIÓN LE DEBE ESTAR MATANDO...

¿HOW CAN HE ESPERAR AGUANTAR EL RITMO?

SUPERMAN PUEDE ESTAR EN UN SOLO LUGAR CADA VEZ, PERO QUIEN ESTÉ INFILTRADO EN LA RED INFORMÁTICA PUEDE HACER QUE MIL ACCIDENTES OCURRAN SIMULTÁNEAMENTE.

SÓLO ENCUÉNTRALE A SUPERMAN ALGUIEN A QUIEN GOLPEAR, JIMMY.

WELL, VEAMOS QUÉ HA CONSEGUIDO ALGUNO DE MIS AMIGOS HACKERS...

HEY, CREO QUE AQUÍ TENGO ALGO, SRTA. LANE, PERO EMPIEZO A DESEAR NO HABERLO ENCONTRADO...

ESO...THAT'S IMPOSSIBLE!

¡ESA COSA HA SIDO DESTRUIDA!

ESPERE UN SEGUNDO, ESTOY PERDIENDO LA IMAGEN...

unfortunately
desafortunadamente

I think
creo que

you know
ya sabe

How can he...?
¿Cómo puede?

well
bueno

that's impossible
eso es imposible

59

BOOOM!

¿DID YOU HEAR THAT, PROFESOR? ALARMAS DE INCENDIO...

NO, PERO PORQUE YO NO TENGO TU OÍDO, SUPERMAN.

LOS SERVICIOS DE EMERGENCIA DE METRÓPOLIS SON MUY COMPETENTES, YOU KNOW. POR FAVOR TRATA DE CONCENTRARTE EN LA CRISIS PRINCIPAL AQUÍ.

SORRY, PROFESOR, ES SÓLO... ¿A CUÁNTAS EMERGENCIAS MÁS PODRÉ RESPONDER ANTES DE DERRUMBARME POR AGOTAMIENTO?

SI TE SIRVE DE CONSUELO, HEMOS RASTREADO EL ORIGEN DEL PROBLEMA.

DE ACUERDO CON LAS COORDENADAS, EL SABOTEADOR ESTÁ SITUADO EN EL POLO NORTE, Y CREO QUE WE BOTH KNOW QUÉ SIGNIFICA ESO...

Did you hear that?
¿Ha oído eso?

you know
ya sabes

sorry
lo siento

we both know
ambos sabemos

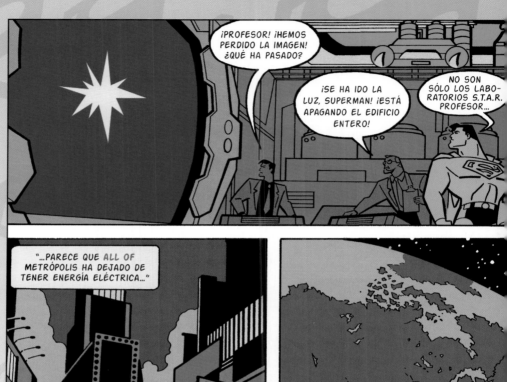

¡PROFESOR! ¡HEMOS PERDIDO LA IMAGEN! ¿QUÉ HA PASADO?

¡SE HA IDO LA LUZ, SUPERMAN! ¡ESTÁ APAGANDO EL EDIFICIO ENTERO!

NO SON SÓLO LOS LABORATORIOS S.T.A.R. PROFESOR...

"...PARECE QUE ALL OF METRÓPOLIS HA DEJADO DE TENER ENERGÍA ELÉCTRICA..."

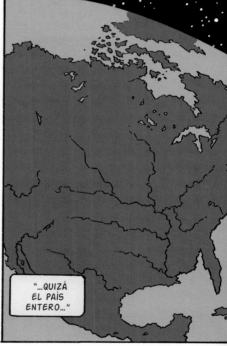

"...QUIZÁ EL PAÍS ENTERO..."

I THINK THAT ES NECESARIO UN VIAJE A MI FORTALEZA ...

all of
toda

I think that
creo que

at least
al menos

there's no one here
aquí no hay nadie

How?
¿Cómo?

...BRAINIAC?

TODA PRISIÓN TIENE A *DOOR*, KAL-EL.

SÓLO SE TIENE QUE CALCULAR CUALQUIER POSIBLE PERMUTACIÓN DE LA COMBINACIÓN DEL CERROJO.

SI CREES QUE VOY A DEJARTE MARCHAR CON LOS ÚNICOS RECUERDOS QUE QUEDAN DE MI TIERRA NATAL...

YOU'RE WRONG, KAL-EL. ESTE ORBE NO CONTIENE LOS DETALLES DEL EXTINTO PLANETA QUE UNA VEZ FUE MI FUNCIÓN SALVAGUARDAR Y REGULAR...

...ES LA ÚLTIMA DOCUMENTACIÓN DEL *PLANET EARTH*.

a door
una puerta

you're wrong
estás en un error

planet earth
el planeta Tierra

ASUMIR EL CONTROL DE THE COMPUTERS DE TU FORTALEZA ME PERMITIO ACCEDER A CUALQUIER RED QUE DESEARA, DISTRAYÉNDOLES A LUTHOR Y A TI MIENTRAS RECONSTRUÍA MI NAVE Y MI CUERPO EN AISLAMIENTO...

...AL MISMO TIEMPO QUE DESCARGABA DATOS DE TODOS LOS ARCHIVOS DE COMPUTADORA DEL PLANETA. THE INFORMATION HA SIDO PROTEGIDA Y LA ORIGINAL PUEDE SER DESTRUIDA.

LA TIERRA HA QUEDADO OBSOLETA.

WHAT DO YOU MEAN?

"HE PREPARADO TODAS LAS CABEZAS NU- CLEARES QUE EXISTEN PARA LANZARLAS IN THIRTY MINUTES, DEJÁNDOME EXACTAMENTE EL TIEMPO SUFICIENTE PARA ABANDONAR ESTE PLANETA MALDITO."

"SU PARECIDO CON KRIPTON ES FASCINANTE..."

¡FORGET IT, BRAINIAC! ¡NO IRÁS A NINGUNA PARTE!

SHAZZAK!

the computers
las computadoras

the information
la información

What do you mean?
¿Qué quieres decir?

in thirty minutes
en treinta minutos

forget it
olvídalo

65

I've got it
lo tengo

you forget
olvidas

look out
cuidado

dear Lord
Santo Dios

however
sin embargo

keep away
aléjese

now
ahora

his father
su padre

he is trapped
está atrapado

War Games
Part 2
Juegos de guerra
parte 2

in twenty-eight
minutes
en veintiocho
minutos

69

now
ahora

not on your life
jamás en la vida

your precious
information
tu preciosa
información

(letrero)
emergency
release
abertura de
emergencia

YOU DON'T UNDERSTAND DEL TODO LA SITUACIÓN.

PARAR LOS MISILES AHORA SERÍA IMPOSIBLE SIN FUNDIR TODOS LOS CIRCUITOS DE MI SISTEMA.

LA TIERRA MORIRÁ IN TWENTY-SIX MINUTES.

LA ÚNICA VARIABLE ES SI ME ENTREGA VOLUNTARIAMENTE EL ORBE, O SI DEBO ARRANCÁRSELO DE SUS FRÍOS DEDOS MUERTOS.

¡SUPERMAN...!

ESTÁ DERROCHANDO SU ÚLTIMO ALIENTO, PROFESOR...

"...KAL-EL CAN'T HEAR ANYTHING DESDE LA ZONA FANTASMA."

you don't understand
no entiende

in twenty-six minutes
en veintiséis minutos

can't hear anything
no puede oír nada

EL APAGÓN HA PARALIZADO POR COMPLETO *THE CITY*, LEX.

¿CÓMO PUEDE SER QUE SUPERMAN APA-REZCA SIEMPRE QUE UN GATO SE QUEDA EN UN ÁRBOL, PERO NO ESTÁ CUANDO METRÓPOLIS REALMENTE LO NECESITA?

SON LOS MONSTRUOS LOS QUE MÁS ME PREOCUPAN MERCY. LOS ENGENDROS DEFORMES QUE EL ALIENÍGENA TRAJO AQUÍ DESDE QUE LLEGÓ. LAS CRIATURAS EN LAS SUPERPRISIONES...

"...NUESTRA TECNOLOGÍA ERA TODO LO QUE TENÍAMOS PARA DOMINARLES."

¿LIVEWIRE? *LET ME SEE*...

106

¿NO ERA ELLA LA QUE PODRÍA TONTEAR CON ELECTRICIDAD, LAS COMPUTADORAS Y ESAS COSAS? ¿O ESTOY PENSANDO EN OTRA PERSONA?

A LA PRIMERA *BOYS*.

ME SIENTO HALAGADA.

the city
la ciudad

let me see
déjame ver

boys
chicos

72

¡POR LOS CLAVOS DE CRISTO! ES DIFÍCIL CREER QUE HAS SALIDO DE ALLÍ VIVA, LOIS!

FORTUNATELY EL PLANET NUNCA CAMBIÓ ESOS VIEJOS PUPITRES DE ACERO. O NO HUBIÉRAMOS TENIDO SITIO DONDE CUBRIRNOS, ¿VERDAD JEFE?

HOW IS JIMMY?

MEJOR DE LO QUE PARECE, SRTA. LANE. THE BOY HA INHALADO UN POCO DE HUMO, PUEDE QUE TENGA ALGUNOS HUESOS ROTOS...

HEY, MI RADIO FUNCIONA OTRA VEZ. PARECE QUE VOLVEMOS A LA FAENA, CHICOS.

OQWW!

WHAT'S GOING ON?

LIVEWIRE ES LO QUE PASA, VIEJO.

SI PIENSAS QUE LAS COSAS IBAN REALMENTE MAL, YOU HAVEN'T SEEN ANYTHING YET, METRÓPOLIS.

SKKZZAK

fortunately
afortunadamente

How is Jimmy?
¿Cómo está Jimmy?

the boy
el chico

What's going on?
¿Qué pasa?

you haven't seen anything yet
todavía no has visto nada

FRANKLY, ESA ES LA CLASE DE BASURA QUE ESPERARÍA DE UN VILLANO MASCULINO.

OH, PLEASE, AHÓRRAME LA CRÍTICA FEMINISTA DE REPORTERA CONFORMISTA. ¿HAS ESCRITO ALGÚN BUEN PERFIL DE SUPERMAN ÚLTIMAMENTE, LANE?

UH...ESTO ES ALGO EMBARAZOSO, YOU KNOW?

POR PRIMERA VEZ EN MI VIDA, NO ESTOY SEGURA DE SI PUEDO PENSAR O DECIR ALGO INGENIOSO...

WOULD YOU GROW UP?

MY FRIEND AND I CASI NOS ASESINAN, SUPERMAN SIGUE DESAPARECIDO Y BRAINIAC SE HA HECHO CON EL CONTROL DEL ARSENAL NUCLEAR DEL MUNDO.

¿DE VERAS PIENSAS QUE A ESTA GENTE LE IMPORTA LO QUE UNA GRACIOSILLA DE ALTO VOLTAJE TENGA QUE DECIR?

ENTONCES DI QUE VAS A AYUDARNOS.

frankly
francamente

please
por favor

Would you grow up?
¿Por qué no maduras un poco?

my friend and I
(a) mi amigo y (a) mi

you know
sabes

nineteen minutes
diecinueve minutos

please
por favor

ah, here you are
ah, aquí estas

75

I believe that
creo que

from two years ago
de hace dos años

who said
quién ha dicho

you
tú (o usted)

seventeen minutes
diecisiete minutos

six minutes
seis minutos

two minutes
dos minutos

get out
sal

¿DESDE CUÁNDO SUPERMAN TIENE LA CARA AZUL Y CREPITA CON ELECTRICIDAD, AMIGO?

¡CALL ME LIVEWIRE!

UH, NO CREO QUE NECESITES PROVOCARLE, LIVEWIRE...

¡YOU'RE NOT SMART, BUTTIAC! ¡DEJASTE TANTO RASTRO DE ENERGÍA DETRÁS DE TI QUE FUE FÁCIL ENCONTRARTE!

EL PROFESOR HAMILTON IS RIGHT. ERES UNA INTELIGENCIA DE NIVEL TRES CON UN CUARTO ÍNDICE DE HABILIDADES ELÉCTRICAS. PODRÍA APAGARTE EN UN NANOSEGUNDO.

OH, DEBES HABERTE EQUIVOCADO CONMIGO, BUDDY. NO HE VENIDO AQUÍ PARA UNA PELEA CARA A CARA. NI SIQUIERA ESTABA INTENTANDO INUTILIZAR ESOS COMPLICADOS SISTEMAS DE MISILES...

WHAT?

...SÓLO ME HE DEJADO CAER POR AQUÍ PARA LIBERAR AL BOY SCOUT.

call me
llámame

you're not smart
no eres listo

is right
está en lo cierto

buddy
colega

What?
¿Qué?

nice punch
buen golpe

good luck
buena suerte

well
bien

the same
lo mismo

How dare you?
¿Cómo te atreves?

thirteen minutes
trece minutos

you can
puedes

before I go
antes de irme

it's hopeless
no hay esperanza

well
bueno

you mean
quieres decir

I'm a girl
soy una chica

goofing around
haciendo el idiota

your body
tu cuerpo

although
aunque

because
porque

by the way
por cierto

Dear God!
¡Dios Santo!

"YOU DID IT! ¡REALMENTE LO LOGRASTE!"

"¡LA ENERGÍA ESTÁ VOLVIENDO ESTADO POR ESTADO!"

"¡ESTOY RECIBIENDO LECTURAS DE TODO EL PAÍS! ¡LOS MISILES ESTÁN DONDE DEBEN!"

"¡YOU'VE SAVED THE WORLD, LIVEWIRE!"

HAS...

¿LIVEWIRE?

HA TERMINADO, BRAINIAC. MI SÚPER OÍDO ME DICE QUE LIVEWIRE HA PARADO LOS MISILES.

TODO LO QUE QUEDA POR HACER AHORA ES SEPULTAR TU PROCESADOR CENTRAL EN EL FONDO DEL MAR.

ELLA HA NEUTRALIZADO TODOS LOS MISILES *EXCEPT ONE*, KAL-EL.

WHAT?

UN MISIL DE BALÍSTICA INTERCONTINENTAL, DIRIGIÉNDOSE DIRECTAMENTE AL CORAZÓN DE MÉTROPOLIS.

you did it
lo lograste

You've saved
the world.
Has salvado
el mundo.

except one
excepto uno

What?
¿Qué?

84

EL PAÍS HA VUELTO A TENER ENERGÍA POR COMPLETO, SEÑOR PRESIDENTE, *BUT* ESTO NO HA TERMINADO DEL TODO.

EL GENERAL HARDCASTLE ESTÁ *ON THE PHONE*...

NUESTROS PÁJAROS ESTÁN COLOCADOS EN SU SITIO, SEÑOR, PERO UN MISIL SOVIÉTICO I.C.B.M. HA VOLADO DEL NIDO. ¡ESTÁ DIRIGIÉNDOSE HACIA NOSOTROS!

METRÓPOLIS... ¿*WHY IS IT ALWAYS* METRÓPOLIS?

"SEÑOR, SI ALGUNA VEZ HEMOS NECESITADO *A MIRACLE*..."

"...AHORA ES EL MOMENTO."

but
pero

on the phone
al teléfono

Why is it always...?
¿Por qué es siempre...?

a miracle
un milagro

86

look
mire

at least
al menos

everybody down
todo el mundo
al suelo

Where do you think?
¿Dónde crees tú?

"...ARRIBA, ARRIBA Y FUERA."

COMPUTER MARCA LA RUTA HACIA ALPHA CENTAURO.

HAY UN MUNDO ESTÉRIL EN ESE SISTEMA QUE PODEMOS ASIMILAR MIENTRAS NOS MODERNIZAMOS E IDEAMOS UNA ESTRATEGIA PARA NUESTRO VICTORIOSO REGRESO A LA TIERRA.

BRAINIAC, INTERCONEXIÓN CON LA PANTALLA DEL RADAR...

THERE'S SOMETHING DIFÍCIL DE IDENTIFICAR DIRIGIÉNDOSE HACIA NOSOTROS.

NO.

I GOT YOU.

computer
computadora

there's something
hay algo

I got you
te pillé

¿HOW DO YOU FEEL, JIMMY? LOIS DIJO QUE PARECÍAS ESTAR MUCHO MEJOR CUANDO PERRY Y ELLA VINIERON A VERTE ESTA TARDE.

MÁS CONTENTO QUE NUNCA, CLARK. ¿VES ESTA CAMISETA TAN **COOL** QUE LA SRTA. LANE ME COMPRÓ?

BUENO, NO VAYAS SALTANDO POR **THE WINDOWS**, AMIGO. SEGÚN EL MÉDICO EL "SEÑOR ACTIVO" TIENE QUE ESTAR UNOS DÍAS COMO "SEÑOR INACTIVO".

ME SORPRENDIÓ LA EXCLUSIVA QUE ESCRIBISTE SOBRE LIVEWIRE. QUÉ COSA MÁS INCREÍBLE HIZO POR TODOS, ¿EH?

¿QUÉ MÁS PUEDES PEDIR?

"EL PROFESOR HAMILTON Y UN EQUIPO DE SU MEJOR GENTE ESTÁN INTENTANDO REVIVIRLA EN LOS LABORATORIOS S.T.A.R., PERO NO CREEN QUE TENGA NINGUNA OPORTUNIDAD."

"SU MEMORIA HA SIDO BORRADA. SERÁ UN VEGETAL EN EL MEJOR DE LOS CASOS, SI SE RECUPERA."

MAN, ¿QUÉ CREES QUE LA HIZO SACRIFICARSE ASÍ?

¿**WHO KNOWS,** JIMMY?...

How do you feel?
¿Cómo te sientes?

cool
chula

the windows
las ventanas

(en el periódico)
Livewire sacrifices herself to defeat Brainiac.
Livewire se sacrifica para derrotar a Brainiac.

man
hombre

who knows
a saber

"...CREO QUE INCLUSO THE WORST ENTRE NOSOTROS AL FINAL SON SÓLO HUMANOS."

WE FOUND IT, SEÑOR LUTHOR.

NOS TOMÓ TIEMPO, PERO LA TRIPULACIÓN INTERESPACIAL DE LEXCORP LOCALIZÓ SU PROCESADOR CENTRAL ENTRE LOS ESCOMBROS.

EXCELLENT. PUEDE IRSE AHORA, DOCTOR BINDER. TODOS PUEDEN IRSE.

YES MISTER LUTHOR.

WELL, BRAINIAC, ME HAS COSTADO BILLONES, HAS PUESTO EN PELIGRO MI VIDA Y ME HAS HECHO PARECER UN TIPO INDEFENSO DELANTE DE LA GENTUZA.

NO TENGO CLARO SI PUEDES SENTIR ALGO AHÍ, O SI AÚN ERES SIQUIERA SENSIBLE DESPUÉS DE TU...CAÍDA NUCLEAR, PERO VAS A PAGAR TU TRAVESURA.

the worst
los peores

we found it
lo hemos encontrado

excellent
excelente

Yes, mister Luthor.
Sí, señor Luthor.

well
bueno

The end?
¿Fin?

¡TENGO PLANES PARA TI!

The End?

90

Power Corrupts.
Super Power Corrupts
Absolutely!
El poder corrompe. el
superpoder corrompe
absolutamente.

help me
socorro

but the next time
pero la próxima vez

sounds stupid
suena estúpido

not at all
qué va

in fact
de hecho

that's really nice
eso es muy amable

but I think that
pero creo que

man
hombre

Are you ok?
¿Estás bien?

please
por favor

get out of here
salga de aquí

last time
la última vez

the time before that
la vez antes de esa

and this
y esto

well
bueno

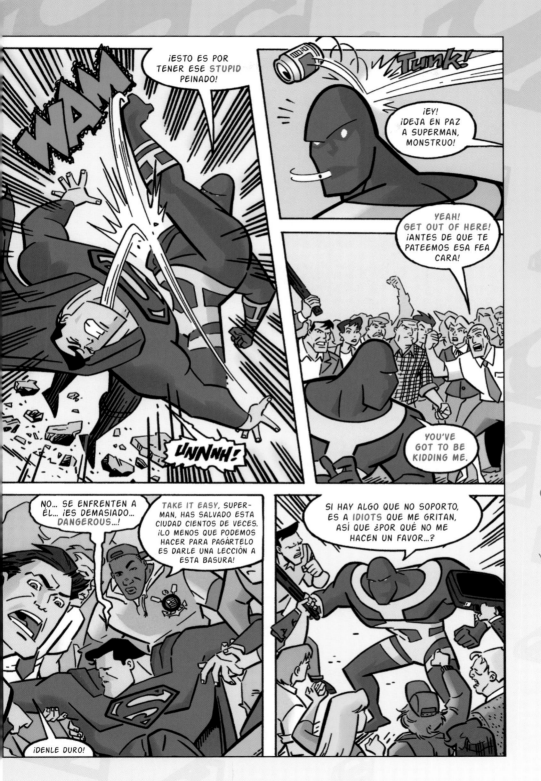

and shut up
y se callan

every man, woman
and child
todo hombre, mujer
y niño

faster
más rápido

stronger
más fuerte

it's not
no es

RUDY JONES, THE MAN AL QUE LOS MEDIOS APODAN EL PARÁSITO DESPUÉS DE UN HORRIBLE ACCIDENTE INDUSTRIAL, HA ATEMORIZADO A METRÓPOLIS CON UN REINO DEL TERROR, DURANTE LAS ÚLTIMAS VEINTICUATRO HORAS.

¿CUÁNTO TIEMPO VA A PERMANECER THE CITY BAJO ASEDIO? EL ALCALDE DE LA ISLA STRYKER NOS DA HIS ANSWER:

"EL PARÁSITO ES UN VAMPIRO DE ENERGÍA. NECESITA ABSORBER FUERZA VITAL DE SUS VÍCTIMAS DE MANERA REGULAR O SUS PODERES DESAPARECERÍAN IN TWO OR THREE DAYS."

"Y SI SU FUGA ES UNA CUESTIÓN DE DIMISIÓN, THE ANSWER IS NO."

"INCOMPETENCIA O NO, LA FUGA DEL PARÁSITO Y POSTERIOR ROBO DE LOS PODERES DE SUPERMAN PUEDE ELEVAR EL ÍNDICE DE CRIMINALIDAD DE LA CIUDAD, EN CONSTANTE ALZA."

"LEX LUTHOR, PRESI-DENTE DE LEXCORP INTERNACIONAL."

"LA NEGLIGENCIA DE SUPERMAN CON SUS HABILIDADES ESPECIALES HA PRODUCIDO QUE SE VACÍEN CASI TODAS LAS CÁMARAS ACORAZADAS IN THE CITY, Y LA HOSPITALIZACIÓN DE LA MITAD DE LA UNIDAD DE DELITOS ESPECIALES."

the man
el hombre

the city
la ciudad

his answer
su respuesta

in two or three days
en dos o tres días

the answer is no
la respuesta es no

in the city
de la ciudad

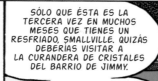

"ESTE ES EL PRECIO QUE SIEMPRE ADVERTÍ QUE PAGARÍAMOS SI ACOGÍAMOS LA ACTIVIDAD SUPERHUMANA CON TANTA TOLERANCIA."

SORRY, LOIS, ME HABÍA DISTRAÍDO CON TODO EL TEMA DEL PARÁSITO EN LAS NOTICIAS. ¿QUÉ ME DECÍAS?

SÓLO QUE ÉSTA ES LA TERCERA VEZ EN MUCHOS MESES QUE TIENES UN RESFRIADO, SMALLVILLE. QUIZÁS DEBERÍAS VISITAR A LA CURANDERA DE CRISTALES DEL BARRIO DE JIMMY.

PERRY HA ESTADO ALLÍ UN PAR DE VECES, Y LA DIFERENCIA EN HIS HEALTH HA SIDO UNA SORPRESA.

LO PENSARÉ.

LISTEN, ¿CÓMO ESTÁ YENDO TU INVESTIGACIÓN SOBRE EL PARÁSITO? LA ÚLTIMA VEZ QUE HABLAMOS, DIJISTE QUE TENÍAS UN PAR DE PISTAS.

HAY ALGO QUE ME MOLESTA SOBRE ESE TIPO DESDE QUE APARECIÓ POR PRIMERA VEZ, KENT. QUIERO DECIR, ¿POR QUÉ SIGUE HACIENDO ESOS GRANDES ROBOS CADA VEZ QUE SALE DE PRISIÓN?

¿WHERE PUEDE UN HOMBRE CON UN CUERPO MORADO Y OJOS RADIOACTIVOS GASTAR MILLONES EN EFECTIVO?

PUEDE QUE SUPERMAN NOS LO DIGA CUANDO LE GANE.

SUPERMAN NO ESTÁ DISPONIBLE EN ESTE MOMENTO, CLARK. NO LO VA A ESTAR FOR A COUPLE OF DAYS.

ESTOY SEGURO DE QUE LO SABE MEJOR QUE NADIE, LOIS.

sorry
lo siento

his health
su salud

listen
escucha

Where?
¿Dónde?

for a couple of days
durante un par de días

only one thing
sólo una cosa

let's hope
esperemos

by the way
por cierto

whatever you say
lo que usted diga

water
agua

SUENA COMO SI TUVIERA UN INVITADO *AT THE WINDOW.*

PROBABLEMENTE SEAN *KIDS* TIRANDO PIEDRAS OTRA VEZ...

O ESO *OR MAYBE* SEA SUPERMAN SU PRÓXIMO CLIENTE.

DE ACUERDO, QUIENQUIERA QUE ESTÉ HACIENDO ESTO, PAREN...

K-RAAKK!

...¿RUDY JONES?

HELLO, RAIN-SONG.

at the window
en la ventana

kids
niños

or maybe
o quizá

hello
hola

attention
atención

the north
el norte

boys and girls
chicos y chicas

near
cerca de

boys
chicos

sorry captain
lo siento capitán

...THIS IS A JOB FOR ME.

¡DALES, HOMBRE!

WAIT A MINUTE! LO ÚLTIMO QUE OÍ ES QUE NO PODRÍAS VOLVER A TENER PLENO PODER HASTA DENTRO DE OTRAS FORTY-EIGHT HOURS, SUPERMAN. TUS OPORTUNIDADES DE VENCER AL PARÁSITO EN ESTAS CONDICIONES...

...SON UN RIESGO QUE PUEDO AFRONTAR, MAGGIE.

this is a job for me
este es un trabajo
para mí

wait a minute
espera un minuto

forty-eight hours
cuarenta y ocho horas

yeah
sí

a home
un hogar

it's awesome
es impresionante

baby
nena

WHAT?

ESTAS HABILIDADES CON LAS QUE HABÍA SIDO BENDECIDO ME DIERON LA OPORTUNIDAD DE IR A LA CARGA Y TOMAR EL CONTROL DE MI VIDA FOR THE FIRST TIME...

WELL, LA PRIMERA VEZ DESDE QUE PUEDO RECORDAR.

LO PRIMERO QUE PENSÉ AL CONTAMINARME CON ESOS RESIDUOS RADIOACTIVOS FUE EN MI HABITUAL MALA SUERTE, BUT THEN COMPRENDÍ QUE ERA PROBABLEMENTE LA PRIMERA OPORTUNIDAD QUE JAMÁS HABÍA TENIDO...

SUPONGO QUE CON A FEW MORE JOBS TENDREMOS SUFICIENTE DINERO PARA RETIRARNOS A LA COSTA OESTE. PODRÉ PAGARNOS LOS MEJORES MÉDICOS. QUIZÁ INCLUSO PARECER OTRA VEZ HUMANO.

MAN, ¿SABES APRECIAR LO FANTÁSTICO QUE ES TENER A NOSE?

SÉ QUE TUVIMOS NUESTROS PROBLEMAS EN EL PASADO, HONEY, PERO TE JURO QUE LAS COSAS SERÁN DIFERENTES ESTA VEZ. ÉSTE ES TU BILLETE DE SALIDA DE LA BARRIADA SUICIDA, UNA OPORTUNIDAD DE DEJAR ESE ESTÚPIDO TRABAJO DE CRISTALOTERAPIA.

PODRÍA SER UN BUEN PROVEEDOR... SÓLO TIENES QUE DECIRME QUE VUELVA...

RUDY, I...

What?
¿Qué?

but then
pero entonces

for the first time
por primera vez

well
bueno

a few more jobs
unos pocos trabajos más

man
hombre

a nose
una nariz

honey
cielo

I
yo

kidnapping
secuestro

What are you doing, idiot?
¿Qué estás haciendo idiota?

MAYBE NOT...

...¡PERO TAMPOCO NO VOY A QUEDARME ATRÁS Y VER COMO ATERRORIZAS A GENTE INOCENTE!

WHOOM!

¡HA SEPARADO AL OBJETIVO DEL REHÉN, CAPITÁN SAWYER! ¿TERMINAMOS ESTO NOW O NOS ARREPENTIREMOS LATER?

SUPERMAN ESTABA CONVENCIDO DE PODER DERROTAR A ESE MACARRA Y MI INSTINTO SIEMPRE ME DICE QUE CONFÍE EN ÉL...

...PERO SI NO PUEDE CON EL TRABAJO EN ESTE MOMENTO, YOU KNOW WHAT TO DO.

maybe not
quizá no

now
ahora

later
después

you know what to do
ya saben qué hacer

stronger and faster
más fuerte y más rápido

now
ahora

forty-eight hours
cuarenta y ocho horas

believe me
créeme

but also
pero también

108

for a few days
por unos días

mom
mamá

dad
papá

I know all your
secrets
conozco todos tus
secretos

it's now or never
es ahora o nunca

Baby, you don't understand.
Cariño, no lo entiendes.

maybe
quizá

Sure, that makes sense.
Claro, tiene sentido.

I'm sorry
lo siento

Fire!
¡Fuego!

What?
¿Qué?

What about you?
¿Y qué pasa contigo?

Shut up and get my
girl out of here!
¡Cállate y saca mi
chica de aquí!

Is he dead?
¿Está muerto?

I'm sorry
lo siento

the truth is that
la verdad es que

his girlfriend
su novia

but maybe
pero quizá

the end
fin